PEREGRINO JÚNIOR

Série Essencial | Concepção e coordenação
Antonio Carlos Secchin

Produção editorial
Monique Mendes
Revisão
Elvia Bezerra
Projeto gráfico e Editoração eletrônica
Estúdio Castellani | Imprensa Oficial do Estado de São Paulo

Catalogação na fonte:
Biblioteca da Academia Brasileira de Letras

N725 Niskier, Arnaldo, 1935-.
Peregrino Júnior : cadeira 18, ocupante 6 / Arnaldo Niskier. – 2.ª ed. – Rio de Janeiro : Academia Brasileira de Letras ; São Paulo : Imprensa Oficial do Estado de São Paulo, 2012.
68 p. ; 19 cm. – (Essencial ; 3)

ISBN 978-85-7440-134-8 (Academia Brasileira de Letras)
ISBN 978-85-401-0061-9 (Imprensa Oficial)

1. Peregrino Júnior, 1898-1983. I. Título. II. Série.

CDD B869.92

Esta edição adota o novo *Acordo Ortográfico da Língua Portuguesa.*

SÉRIE ESSENCIAL

PEREGRINO JÚNIOR

CADEIRA 18 / OCUPANTE 6

Arnaldo Niskier

AD IMMORTALITATEM

ACADEMIA BRASILEIRA DE LETRAS

imprensaoficial
GOVERNO DO ESTADO DE SÃO PAULO

Peregrino Júnior

Arnaldo Niskier

João Peregrino Júnior da Rocha Fagundes nasceu em Natal (RN), em 12 de março de 1898, filho de João Peregrino da Rocha Fagundes, professor de Línguas e Matemática, e de Cornélia Seabra de Melo.

Fez o curso primário no Colégio Diocesano Santo Antônio e no Grupo Escolar Augusto Severo, os estudos secundários no Ateneu Rio-Grandense, cursando ao mesmo tempo a Escola Normal. Ainda estudante exerceu grande atividade jornalística. Ele próprio lançou *A Onda*, jornal em que escreveu um artigo contra o diretor da Escola Normal e professor do Ateneu, que provocou enorme celeuma e lhe custou a saída do colégio. Ainda em Natal, funda mais dois jornais: *A Gazeta de Notícias* e *O Espectador*.

Proibido de estudar na cidade, mudou-se em 1914 para Belém, onde terminou o curso secundário no Ginásio Paes de Carvalho. Em *A Folha da Tarde* ocupa, gradativamente, as funções de suplente de revisor, repórter de polícia e redator. Trabalha ainda em *A Tarde* e *A Rua*, além de secretariar *A Semana*. Funda e dirige *A Guajarina*, antes de iniciar os estudos de Medicina. Aprimora sua formação literária, mergulhado nos preceitos filosóficos e nas leituras de Nietzsche e Bergson, mas logo se concentra nos clássicos portugueses, nos românticos Herculano, Garrett e Castilho.

Em 1920, fixou-se no Rio de Janeiro, mais precisamente na Glória, em uma pensão de estudantes e candidatos a escritores. Militou na imprensa, como escrevente na *Gazeta de Notícias*, e começou a produzir Literatura. Trabalhou por um tempo na Central do Brasil, onde teve como companheiro de trabalho Pereira da Silva, a quem sucedeu na Academia.

Casa-se, em 1926, com a cunhada do poeta Ronald de Carvalho, D. Wanda Acioly. De 1928 a 1938 publica sua obra literária de Ficção e de Crítica. Após uma interrupção de mais de 20 anos, ele retoma os trabalhos e volta a publicá-los, em 1960, com uma nova edição de *Histórias da Amazônia*, originalmente publicado em 1936, acrescida de novelas inéditas, inclusive *A Mata Submersa*. Organiza uma antologia de Ronald de Carvalho e escreve ensaios sobre José Lins do Rego, Graciliano Ramos e estudos sobre temas da Literatura brasileira.

Formou-se em Medicina em 1929, na Faculdade de Medicina do Rio de Janeiro. Iniciou como interno da 20.ª Enfermaria da Santa Casa (Serviço do Professor Antônio Austregésilo) uma carreira médica longa e bem-sucedida, como médico adjunto da Santa Casa, chefe da 41.ª Enfermaria do Hospital Estácio de Sá, fundador e diretor do Serviço de Endocrinologia da Policlínica do Rio de Janeiro, docente de Clínica Médica e de Biometria da Faculdade Nacional de Medicina, onde chegou a catedrático, professor da Faculdade Fluminense de Medicina e professor emérito da Universidade do Brasil. Durante 18 anos, foi membro do Conselho Universitário. Foi fundador e o primeiro presidente da Sociedade Brasileira de Endocrinologia, Biotipologia e Nutrição; diretor-presidente da Policlínica Geral do Rio de Janeiro; chefe da Divisão de Assistência Médico-Hospitalar do Ipase, entre outros cargos.

No terreno esportivo, além de professor e diretor da Escola Nacional de Educação Física, também foi membro do Conselho Nacional de Desportos.

Sua inclinação para as Letras e o Jornalismo nunca o deixou. Além da *Gazeta de Notícias*, escreveu para *O Jornal*, *Rio Jornal*, *O Brasil*, *A Notícia*, *Careta*, ganhando grande nomeada, sobretudo como cronista e como colaborador de numerosas revistas literárias e científicas do Brasil e do estrangeiro. Representou o Brasil em inúmeros conclaves internacionais, como as Comemorações Cervantinas (1946), Colóquios Luso-Brasileiros de Lisboa (1958), Conferências de Cooperação Intelectual de Santander (1957) e Granada (1958). Foi membro do Conselho Federal de Educação, do Conselho Federal de Cultura, presidente da União Brasileira de Escritores (UBE), membro titular da Academia Nacional de Medicina e membro da Sociedade Argentina para o Progresso da Medicina Interna, da Academia das Ciências de Lisboa e da Sociedade Portuguesa de Endocrinologia.

Faleceu no Rio de Janeiro, aos 85 anos, em 12 de outubro de 1983.

Cadeira 18

Na ABL, Peregrino Júnior pretendia concorrer à vaga de Afonso Celso (Cadeira 36), mas afastou-se antes do pleito (17.11.1938), que não teve vencedor. Eleito em 4 de outubro de 1945, na segunda eleição à vaga de Pereira da Silva, no quarto escrutínio, por 19 votos, derrotando Osório Dutra (10 votos) e Afonso de Carvalho (5 votos). Recebido em 25 de julho de 1946, por Manuel Bandeira. Por sua vez, Peregrino Júnior recebeu Odylo Costa, filho, em 24 de julho de 1970. Foi segundo-secretário (1946, a partir de agosto), primeiro-secretário (1947, 1948, 1949), secretário-geral (1950) e presidente (1956, 1957). Disse o adeus da Academia a Rodolfo Garcia (15.11.1949) e a João Luso (6.1.1950).

Na obra de Peregrino Júnior revelam-se as múltiplas facetas do autor como contador de histórias, ensaísta, crítico, médico e professor. A temática central da sua ficção, em *Puçanga*, *Matupá*, *A Mata Submersa* e *Histórias da Amazônia*, é a visão do mundo amazônico, a imaginação do homem e a fatalidade geográfica que o conduz ao mistério dos mitos e à poesia das lendas.

Peregrino Júnior, como filho de professor, foi um apaixonado professor universitário. Suas palavras, sobre o papel da universidade, ditas em 1940, quando andava eu pelo Jardim de Infância do Instituto de Educação, revelam pelo magistério um sentimento do qual sempre partilhei:

> A situação do ensino não permite a timidez hesitante do conformismo, nem as atitudes estéreis de negação ou de resistência passiva. Todos têm o dever de cooperar para que o ensino universitário entre nós melhore progressivamente nos seus quilates culturais, quer dizer, no sentido perpendicular da profundidade e da altura. Para isto poderemos contribuir decisivamente todos nós, professores, se nos lembrarmos de que o professor moderno deve exercer, no organismo universitário, aquela prodigiosa função hormonal de que nos falava Marañon. É exatamente esta a função mais importante do professor: a função estimuladora, que leva ao espírito do estudante os excitantes específicos do entusiasmo, da fé, da confiança e do interesse científico. Sem esses hormônios espirituais, o ensino universitário será vão e precário: poderá preparar autômatos ou máquinas especializadas, mas não formará, jamais, médicos, pesquisadores, nem homens para o trabalho da Cultura. Além de tudo, o problema da

> disciplina nada perde nessa orientação: ao contrário, a disciplina que nasce do respeito mútuo e da mútua estima é uma disciplina mais humana e mais sólida, porque emana de um ato gratuito de aceitação e de cooperação. É esta a disciplina voluntária que não humilha nem compromete a dignidade humana, porque deriva simplesmente da hierarquia do trabalho. É a ela que eu desejaria que todos na Universidade se subordinassem, no interesse da nossa harmonia moral e do entendimento pedagógico dos nossos cursos.

Esse texto, além do pensamento de Peregrino Júnior sobre Educação, mostra sua dimensão humana, que se reflete no contador de histórias, em que sobressaem o espírito crítico e o bom humor, de que flui uma certa ternura. Foi com esse estilo que ele se tornou diretor da Escola de Educação Física da Universidade do Brasil (hoje UFRJ).

Para Rachel de Queiroz, sua grande amiga desde 1939, quando ela veio morar no Rio, Peregrino, diferente do paroara nordestino, trouxe outra espécie de ouro da Amazônia: a descoberta da beleza da terra, do mistério do grande rio, que até então só se conhecia literariamente como "inferno verde".

Embora no conto "Buenolândia", de *A Mata Submersa*, Peregrino Júnior diga que "à luz morna da noite tropical, minha infância voltou, sorriu-me, com um perdão unânime, para todos os meus erros e debilidades, e envolveu-me num abraço manso, sem palavras...", e que era preciso conhecer a Amazônia, "estuprá-la, dominá-la violentamente para poder possuí-la com amor", também declarou ter sido nela que "o menino mofino, rapaz frouxo, homem sem disposição para a luta" reforçou "o caráter e endureceu a alma". A Amazônia foi a sua "aventura do mundo – a aventura da liberdade e da solidão".

Peregrino, como escritor, no plano das Letras puras, teve esta direção singular. Numa fase em que ainda predominava o esplendor verbal de Rui Barbosa e de Coelho Neto, buscou em Machado de Assis a afinidade natural do seu espírito. Escreveu com sobriedade, teve o gosto da forma simples, e foi direto e objetivo como compete a um genuíno homem de jornal.

Euclides da Cunha e Alberto Rangel, seguidos de perto por um mestre esquecido, Raimundo de Morais, ajustaram o estilo literário à riqueza amazônica. O estilo opulento, derramado, por vezes torcido na sua expressão procurada, como que simétrico àquela região que Euclides definiu como a última página do *Gênesis*, ainda por escrever. Muitos mestres que viriam depois, como o citado Raimundo de

Morais, autor de vasta bibliografia amazônica, moldaram-se pelo metro literário de Euclides. Citarei ainda um exemplo, mais próximo de nós: Alfredo Ladislau. E também o saudoso Osvaldo Orico, autor do *Vocabulário de Crendices Amazônicas.*

Convém não esquecer que a literatura da região amazônica teria um mestre de outra linha, na prosa de José Veríssimo, notadamente nas *Cenas da Vida Amazônica.* A sobriedade estilística daquele que seria o grande crítico da obra machadiana, reconhecendo-lhe a preeminência no quadro geral da Cultura brasileira, faria também seus discípulos, criando outra linha de escritores da região. Entre eles, Peregrino Júnior.

Peregrino Júnior se fez o grande repórter do Modernismo. Não se limitou a acompanhar a mudança de ordem cultural e social. Registrou essa mudança. Objetiva e corretamente. E de tal modo, que não se poderá recompor, hoje, a fase beligerante do Modernismo, sem aludir ao que Peregrino Júnior recolheu nas suas primorosas reportagens.

A rigor, ele soubera ser modernista, antes do Modernismo. Mas, resguardando a sua independência pessoal. Não participou da liderança da Revolução, mas soube ser seu cronista – fino, polido, imparcial.

O Rio Grande do Norte ficou nele como a terra idílica, a infância, a idade do ouro. Dele extraiu as recordações mais poéticas: "Natal, cidade lírica e linda na sua humilde infância.../ E os banhos alegres e livres no sítio do meu avô na Rua do Morcego, onde cada cajueiro tinha um nome e cada coqueiro um dono..."

No espaço da saudade, a terra natal não apresenta defeitos. Já a Amazônia foi para Peregrino Júnior, como disse Manuel Bandeira, "um caso clínico". Ele não a viu com deslumbramento, mas com observação. Com os mesmos olhos, viu o Rio de Janeiro, e, cronista social, registrou-lhe o movimento, em *Vida Fútil* (1923): o recesso dos salões literários, o surgimento do arranha-céu, a extinção da sala de visitas.

O ensaísta expressa sua preocupação com o destino da Cultura brasileira, a partir da pesquisa de raízes e divulgação de sua autenticidade. Na Crítica, levanta aspectos importantes da obra de vários escritores brasileiros. O seu ensaio "Doença e Constituição de Machado de Assis", embora possa sugerir um estudo de natureza biográfica ou psicológica, transcende em muito tal plano. Vale-se do seu conhecimento de médico para explicar a doença e relacionar aspectos de uma constituição doentia a alguns dos recursos do escritor, como a ambivalência, a tendência explicativa, as imagens interativas, a noção do tempo, a repetição, a preocupação da loucura e da morte.

A obra do médico e do professor versa sobre o campo específico da sua profissão: a saúde, a Medicina, as tarefas da universidade, preocupações de quem passou mais da metade da vida ensinando e em contato permanente com os jovens.

ANTOLOGIA

Carimbó*

O negro velho cochilava tranquilamente no terreiro limpo da barraca, sem escutar a música dos carapanãs que lhe zumbiam nos ouvidos moucos.

O igarapé – alcatrão coagulado na sombra da mata virgem – era um espelho preto, onde as estrelas do céu se debruçavam, com tremuras de medo, nas noites cheias de assombrações.

Zé Vicente morava ali há perto de sessenta anos. Andava na casa dos vinte, quando fugiu da fazenda do amo. Agora, a sua cabeça pixaim começava a pintar. Bem que o povo dizia negro quando pinta, tem três vezes trinta... Ele ia caminhando para os noventa.

Erguendo-se do silêncio da sua memória, as recordações mais remotas saltam-lhe, tristes, diante dos olhos apagados. As suas lembranças mais longínquas, ele as perdeu do outro lado do mar, numa praia tranquila, entre as palmeiras ondulantes do Congo, no dia em que conheceu a escuridão cabinda dos porões de um navio negreiro.

---

* De "Puçanga", *In*: *A Mata Submersa e outras Histórias da Amazônia*. Natal: EDUFRN, 1998, pp. 35-39.

Já nem se recordava do último adeus da choça nativa, que lhe pusera uma lágrima de humilhação e de dor nos cantos dos olhos adolescentes.

De quando em vez, violando a solidão do igarapé imóvel, uma montaria agita-se macia e preguiçosa, sob a sombra estrelada da mata que escondeu o sol.

Zé Vicente possui as recordações melhores, mais vivas, mais novas, que lhe dançam, num ritmo brando, dentro da cabeça triste... Aquele remoto sorriso que a nhazinha moça lhe levava no eito, numa inconsciente bondade que o encantava... aquelas noites quentes de festa em que ele e Miquelina, no pátio largo da fazenda, umbigando e sapateando, em volta da fogueira, ao som monótono do carimbó, dançavam o samba e o zambê... aqueles amores clandestinos que eram felizes, sob a complacência do luar...

Depois, de súbito, a água morta das lembranças se encapela ao vir-lhe à tona das pupilas a afronta da bofetada que lhe deu o nhô branco...

Doía-lhe ainda nas entranhas a dor da humilhação!

Na ramaria assanhada da sumaumeira da barranca, onde fizeram o seu ninho entrincheirado atrás de três casas de formigas-de-fogo e de cabas, os japiins cantavam contentes, numa algazarra de festa: "xa-ço-xa-ço"... Arremedando todos os pássaros, imitando todas as vozes da selva brava, os japiins conservam, através dos tempos, nas solidões amazônicas, as canções, os ritmos e os cantos do folclore ornitológico das matas virgens...

Zé Vicente conhece a lenda, porque conhece tudo naquela terra, e espia com indiferença o "pau dos japiins", que na língua dos caboclos daquelas beiradas de rio se chama "miura lapi ciu"...

O tamurupará que se prepare, que os japiins estão exortando os companheiros à luta:

– "Vamos matar tamurupará!" "Eu vou... eu vou... eu vou..." "Vamos matar tamurupará..."

Zé Vicente alonga os olhos pra cima da cabeleira crespa da sumareira do barranco e instintivamente se benze.

– Japiim é alma penada, deve penar até o fim!

Persignou-se. Fica tranquilo.

E não ouve mais o canto dos pássaros. Dentro dos seus ouvidos, erguem-se cantos mais altos e mais fortes: a voz da memória, a voz da saudade, as vozes profundas e dolorosas da vida...

Tinha vinte anos, quando fugiu da fazenda. Lembra-se. Gostava da Miquelina. E era com uma instintiva voluptuosidade bárbara que se encontravam, nas noites desertas de luar, à sombra condescendente dos cacaueiros em flor. Mas um dia nhô branco quis tomar-lhe Miquelina. O feitor, achando pouco o castigo que lhe queria dar nhô branco, botou-o no tronco e deu-lhe no lombo doze chibatadas de marmelo.

Desatou da ponte a montaria pequena, botou dentro dela a Miquelina no jacumã, sentou-se na proa com um remo rápido na mão, e na primeira cantada do galo desceu o igarapé e mergulhou sem medo na solidão das águas e das matas que não têm fim.

Quando amanheceu o dia, o sol doutras terras mais generosas veio secar-lhe as doze feridas vermelhas que lhe zebravam o lombo preto.

E nos mocambos do Trombetas escondeu o seu amor e a sua humilhação.

O negro velho sabia a história toda daquele lugar.

Ali, perto de Óbidos, nas matas da beira do Trombetas, onde hoje são as fazendas do Coronel Zuza, moravam centenas de escravos fugidos. Todos os escravos das senzalas do Pará e do Amazonas, escapando ao açoite dos senhores, iam para os mocambos do Trombetas. E entre escravos, desertores e criminosos foragidos, residiam ali duas mil pessoas. Os negros viviam sob um governo despótico, mas eletivo. Eles mesmos escolhiam entre si o ditador que devia governá-los. Imitando as designações das autoridades do Pará, eles elegiam governadores, delegados e subdelegados, que mandavam nos mocambos como tiranos, conservando, para não apagar a lembrança das senzalas, o tronco e o cipó de boi, que serviam de castigo para os insubordinados e recalcitrantes. A atividade agrária dava-lhes uma vida saudável e mansa de trabalhadores rurais: plantavam mandioca e tabaco; colhiam castanha, salsaparrilha e cacau. Descendo em montarias, iam, às escondidas, protegidos nas sombras da noite, vender em Óbidos os seus produtos, que tinham fama de serem os melhores da região. Também com os holandeses da Guiana eles tinham relações comerciais: trocavam os seus produtos por armas e instrumentos de ferro. Quando acaso o governo começava a persegui-los, o que sucedia com intermitências imprevistas, eles internavam-se nas matas e esperavam os regatões portugueses.

– Ah! os regatões portugueses...

A grande válvula de escapamento dos mocambos eram eles. Na Amazônia, nos vastos desertos paludosos das florestas, naquele tempo como ainda hoje, não corre moeda: o comércio baseia-se na dupla troca de mercadorias. E os regatões – portugueses ou sírios – são os traficantes que levam em canoa, por todos os rios, paranás, furos e igapós, mercadorias que permutam pelos produtos da região. O governo, naqueles tempos, a pretexto de defender dos seus tentáculos o tapuio fraco e ingênuo que eles exploravam e degradavam, perseguia-os com impostos proibitivos. Não obstante a carga pesada das taxas de então (175$ de imposto provincial, e 25$ de imposto municipal), só no município de Óbidos havia 23 canoas de regatões. Regatões duma avidez sem freios, que roubavam tudo: mercadorias e mulheres.

Às vezes, o seu poder de rapinagem e corrupção era tal, que não deixavam às vítimas nem sequer um pouco de vergonha na cara.

Mas, ainda assim, em certos momentos, eles eram, nos esconderijos dos escravos, a salvação e a alegria, sem contar as vezes que eram a miséria, a desgraça e a vergonha.

Presos dentro da mata, nos quilombos, os negros amavam aquela boa ilusão de liberdade que a fuga lhes dera.

De noite, quando o céu pingava estrelas no ventre oleoso do Trombetas, eles acendiam com alarido a fogueira no terreiro. Dançavam todos. O batuque, o urucango, o carimbó acordavam nas solidões misteriosas das florestas amazônicas as vozes nostálgicas das praias africanas, cheias de ritmos lentos, ondulantes, preguiçosos...

Mamá-cumandá
É bumbá!
Açu-babá-açu-bebé
É bumbá!

A voz soturna do carimbó enche sozinha a solidão calada e selvagem. E os ritmos negros, acordando lugubremente as matas silenciosas, espalham nos pátios limpos do mocambo, com a nostalgia dos seus compassos monótonos, um enorme mistério que envolve tudo.

O bate-bate do batuque marca, num ritmo sincopado, os voluptuosos desnalgamentos das negras roliças, reluzentes, de ancas rebolantes, e marca também os ímpetos sensuais das umbigadas dos pretos ágeis, que gingam e sapateiam na poeira do pátio...

Zé Vicente, escanchado sobre o tronco do carimbó, com as pernas abertas, surra com as duas mãos o couro reteso, numa cadência triste.

Urucango, poita, atabaque – vozes bárbaras da África – espantando os pássaros inocentes do Trombetas.

E o carimbó parece até, dentro da mata, uma voz nova de índios:

> O atabaque bate boca.
> Qui-tim-bum-bum... qui-timbum...
>
> Os negros dançam, o corpo mole, batendo os pés
> [no chão duro:
> Qui-tim-bum-bum... qui-timbum...

Tronco cavado, couro esticado, bem retesado:
Qui-tim-bum...
O tocador, com as mãos abertas, marca o compasso...
Bum-bum-qui-tim-bum-bum...
No ritmo do carimbó dançando a dança negra os
[negros velhos
recordam as senzalas tristes.
Ouvem o grito longínquo da África, o grito dos que
[ficaram
lá longe, chorando, e dos que partiram humilhados.
Qui-tim-bum... qui-tim-bum...
A melancolia sem revolta das levas mansas no porão
[do negreiro.
E ouvem o eito dos escravos no trabalho.
E o grito fino do chicote do feitor zebrando de riscas
[o lombo envernizado de suor...
Qui-tim-bum...
Ouvem tudo... a fuga... o xuá das águas do Trombetas...
a voz de libertação dos quilombos de Óbidos:
Qui-bum-bum... qui-bum-bum... bum...
E o carimbó cantando geme soturno na noite negra
no compasso grave do bate-boca do batuque:

Qui-tim-bum-bum... qui-tim-bum...
Qui-tim-bum-bum... qui-tim-bum...

Quando Zé Vicente largou o carimbó pra dançar o zambê e foi procurar o seu par, não encontrou mais nem a sombra da Miquelina. A sua voz de aflição perdeu-se na floresta sem eco:

– Oô Miquelina!...

Um regatão português, cuja canoa estava amarrada no porto, lhe tinha levado a mulher.

Era o destino...

E enquanto a voz da aflição e cólera se perdia sem eco no deserto peludo da floresta, o carimbó sinistramente recomeçou o seu bate-bate melancólico e bárbaro:

Qui-tim-bum-bum... qui-tim-bum...
...Qui-tim-bum-bum...
Qui-tim-bum-bum!...

O "Espritado"*

– Pra donde tu vais, Zeferino?

– Vou ali, já volto.

– Hoje, não é dia de trabalho não, menino!

– Não vou trabalhar não, minha mãe! Vou só ao varador preparar a armadilha.

– Sexta-Feira da Paixão! Virgem Nossa Senhora!

– Amanhã é Sábado da Aleluia e nós precisamos quebrar o jejum...

A montaria escorregou macia no tejuco, banzou de bubuia em cima d'água. Zeferino pulou pra dentro, num salto ágil, com o leque do jacumão na mão. Deu um empurrão na caiçara, afastou-se ligeiro para o perau do rio e, com remadas rápidas, sumiu-se no meio do furo – xuá-xuá-xuá...

D. Marocas ficou em casa matutando. Sexta-feira Santa não era dia de se caçar não. Era pecado matar bichos na Sexta-Feira Santa. Naquele dia, seu Valentim chegou da mata, com cachos de açaí às costas, estancou de espanto:

– Apois, Zeferino teve coragem de ir caçar no dia de hoje!

---

* De "Puçanga" *In*: *A Mata Submersa e outras Histórias da Amazônia* Natal: EDUFRN, 1998, pp. 86-89.

– Se teve!..

– É capaz de topar com o Curupira.

– Ainda outro dia, “Nhá” Fulô me contou o “causo” dum “muço” que foi pescar na Sexta-Feira da Paixão e topou com a Mãe-D’água.

– Abusões!

Quando a montaria abicou no tijuco, do outro lado do igarapé, Zeferino pulou para um pau grande, deitado na barraca, que servia de ponte. Subiu pra ribanceira, atolando-se na lama, agarrando-se nos matos, com a espingarda nas costas. Entregou a alma a Deus, e penetrou no matão fechado.

Não estava com medo, não. Mas, caminhava hesitante, com sobrosso. As sombras do crepúsculo esmagavam a floresta. O canto sinistro das aves noturnas povoavam a solidão de assombrações e agouros.

Sem olhar para trás, com o coração aos pulos, escolheu uma boa forquilha de pau e preparou a armadilha, sapecando na espingarda uma grossa carga de escumilha. Ao menor estalido da folha, arrepiavam-lhe os cabelos, e um frio estranho pela espinha.

Medo? Mas medo de quê? ... ele nunca tivera medo de nada!...

A luz hesitante da lua cheia escorria pelos galhos espessos da mata, sem clarear o chão. Os troncos secos, entrançados de cipó e embiras, erguiam-se para o céu, no labirinto do mato verde, como esqueletos sinistros.

Naquele cenário aterrador, Zeferino experimentou uma sensação estranha. Medo! Sim... um medo que ele nunca tinha sentido. Um medo não sabia de quê. Cerrou os olhos, transido de terror. O pica-pau martelava no quiriri da noite. Uma gargalhada estraçalhante de coruja abalou tragicamente o silêncio negro da floresta. Zeferino deu um grito e desembestou na carreira, numa alucinação, para a beira do igarapé, onde amarrara a montaria.

Na precipitação da fuga, tocou no cipó distendido da armadilha.

– Trac-pum!

Um grito danado de dor. Um bruto baque no chão. E Zeferino caiu, a carga de chumbo na perna direita, estrebuchando na lama viscosa da mata. Caiu que nem palmeira torada pelo corisco.

E a noite negra, cheia de assombrações, veio encontrá-lo desacordado, frio, atolado na lama, sob a iluminação pisca-pisca dos vaga-lumes.

Em casa de Seu Valentim, foi uma noite movimentada de atribulação. Com fachos nas mãos, meteram-se todos dentro duma montaria e foram procurar Zeferino na floresta. Rezando a "Salve-Rainha" até "nos mostrai", erraram a noite toda por furos e varadouros, por veredas e atoleiros, e só de madrugada, com os primeiros clarões do sol, foi que, caminhando por uma capepena na direção dum longínquo gemido, foram encontrar Zeferino numa poça de sangue, atolado no tijuco, ao lado do mundé.

– Castigo de Deus!

– Seu Valentim está pra dar café!

Desde aquele dia, Zeferino estava à morte.

Não houve mezinha que lhe desse jeito. Nem o pajé que chamaram conseguiu curar-lhe a ferida. Não havia mais esperança. Os parentes reuniram-se todos em casa de Seu Valentim. Fatalistas instintivos, quando viram o ferido ardendo em febre e a ferida a resistir aos primeiros remédios, o abandonaram aos azares do Destino.

– Se tiver de morrer; ninguém o salva!

Resolveram, então, esperar. O que tivesse de acontecer, aconteceria. E com resignação e serenidade esperaram a morte de Zeferino.

Os caboclos, acocorados no portal ou sentados pelos cantos da casa, "faziam quarto" ao moribundo. Uma vez por outra, o café corria a roda. O silêncio misterioso das solidões amazônicas apagava os ruídos tristes da casa humilde. De quando em vez, a dor de um gemido arquejante dava balanços monótonos na rede do moribundo. Não havia mais dúvida: Zeferino ia mesmo desta pra melhor.

– Xincuã já cantou no terreiro!

Há muito o pássaro pressago cantava horas a fio o seu canto de alegria: – Tê-tê-tê-tê... No dia em que Zeferino adoeceu, porém, o bicho cantou como um agouro o seu canto de morte.

– Xin-cu-ã...

– Tesconjuro!

Xincuã viera avisar, Zeferino ia morrer.

Morreu.

Entre velas de carnaúba, o morto jazia no meio da sala estreita. O velho Valentim aproximou-se, com uma lentidão pesarosa, levantou o lenço de alcobaça que cobria o rosto lívido do filho e articulou um palavreado singelo de despedida. Depois, apertou a mão enregelada do defunto e exclamou a frase clássica daquela cerimônia cabocla:

– Adeus, Zeferino! Até à outra vida!

Os demais parentes repetiram, com exatidão litúrgica, a despedida ingênua, dizendo as mesmas frases sacramentais.

– Adeus, Zeferino! Até à outra vida!

O enterro partiu.

Os que ficaram em casa – contentes de ficar! –, vendo a montaria que levava o caixão sumir-se na verde curva do igarapé grande, atiravam-lhe de longe mãos cheias de terra. E a superstição de todos gritava que nem uma só boca:

– Adeus, Zeferino! Fica-te por lá mil anos e deixa a gente em paz!

– E de que morreu o Zeferino, Malaquias?

– Apois, o "muço" não sabe não?

– Um tiro de armadilha? Dizque...

– Axi! Qual armadilha, qual nada, meu branco! Foi mau espírito! Zeferino, desde que foi caçar na Sexta-Feira Santa, ficou possuído dum mau espírito! Sabe como é? "Espritado", patrão!

Causos de Beira de Rio*

Não acontece nada. A vida parou, estagnada e podre. A cidade permanece adormecida numa calma resignação silenciosa. Terra de gente pobre – caboclos sem ambições, sem remorsos, sem problemas. Nem dramas de consciência, nem inquietações de coração. Ignorando seus direitos – que direitos? – e não sabendo o que vai pelo resto do mundo, as fronteiras do seu espírito coincidem com o horizonte curto dos seus olhos: a curva mansa do rio e o corte vertical da floresta. Nem alegria. Nem esperança. Esperança de quê? Liberdade, isso sim. A miséria não é afinal uma forma de liberdade? Mas para quê, se não sabem o que fazer daquela estranha liberdade das matas sem termo e sem dono, dos rios preguiçosos que não descansam?

Frei Jacó aparece por lá, vez por outra, com as Missões: casa, batiza, absolve, reza... dá presentes, ensina catecismo. E teimoso no ensino da doutrina cristã:

---

* *In*: *A Mata Submersa e outras Histórias da Amazônia.* Natal: EDUFRN, 1998, pp. 239-242.

– Sois cristão?

– Sim, pela graça de Deus!

– Quem é Deus?

– Um soberano Senhor, criador do Céu e da Terra.

– Deus tem sempre existido?

– Sim, porque não teve princípio nem há de ter fim...

– E para que fim nos criou Deus?

– Para amá-lo nesta vida e gozar depois d'Ele no Céu para sempre.

Frei Jacó – bom frade ingênuo, a cabeça branca, os olhos sem malícia, fica espantado com aqueles caboclos que vêm do centro – meio do cerrado do seringal, do coração sombrio da mata calada. Chegam tímidos e nus. Índios mansos, tristes e miseráveis. Frei Jacó dá-lhes roupas e calçados, além de terços e santos. Impõe uma condição: que assistam à missa vestidos: "com roupa de ver Deus".

Concordam, com um aceno de cabeça. Vestem a roupa, calçam os sapatos – e endomingados, manquejando, os sapatos machucando os pés grossos, vão para a igreja. Mal terminada a missa – na própria calçada da igreja – descalçam os sapatos – ufa! que alívio! – e despem as roupas – Eta calor brabo! Depois atravessam dignamente a praça, nus, com a mais grave naturalidade, e voltam para suas malocas, contentes e tranquilos.

Frei Jacó benzia-se, perplexo:

– Não compreendo...

Que andassem descalços, concordava. Mas, nus, Senhor Deus, que indecência!

Não compreendia... Houve nova combinação: que fossem à igreja descalços, mas não tirassem depois as roupas.

Eles aceitam a concessão: vão à igreja de pés no chão; mas vestidos – que sacrifício! Acabam aceitando a imposição de Frei Jacó – não há outro jeito – pra ganhar presentes.

Se na igreja aparece uma moça pintada e bem-vestida – saia de chita florida, fita vermelha no cabelo – os índios viram a cabeça, curiosos – puranga! – e Frei Jacó faz um sermão iracundo, "contra essas pessoas sem modéstia que vão à casa de Deus indecentemente vestidas, para dar maus exemplos". "Que Deus se apiede dos pecadores que assim procedem!"

Os índios não entendem patavina do que ele diz. Nem a moça de fita vermelha no cabelo. E mulher-dama, mas de uma inocência de arcanjo: peca sem saber que peca, com a naturalidade boa do instinto! Axi! E isso é pecado?

Depois da missa, ou da novena, pulam todos pra dentro da montaria – levando o que foi possível trocar por borracha, balata, pupunha, pacovão, que haviam trazido do centro: querosene, sal, farinha, cachaça, brotes, fazendas, agulhas e linha – e lá vão.

No confessionário, uma vez Frei Jacó ficou revoltado com o cinismo de um caboclo que tinha trocado de mulher:

– Uai, Seu Vigário, mudar, mesmo pra pior, é bom!

Eles afinal tinham lá a sua filosofia.

Uma vez a filha do cearense Macário adoeceu e lá chamaram o médico do Posto de Saúde. Quando o Dr. Bento quis examinar a cunhatã, ela resistiu envergonhada num inesperado acesso de pudor.

E o pai aconselhou, gravemente:

– Besteira, menina. Deixa disso, que olho de médico é que nem ouvido de padre...

Mas se a doença era na mulher, ele pensava diferente. Quando o Dr. Bento, chamado para examinar-lhe a mulher, quis levantar-lhe a saia e apalpar-lhe a barriga, ele o advertiu sem dissimular o tom de ameaça:

– Doutô, muié minha só tem doença daqui pra riba!

E marcou com a mão a cicatriz do umbigo.

Anastácio, cearense de voz mansa, era a única pessoa próspera do lugar e tinha ganho uma boiada no seringal. A conselho de amigos foi à praça botar o dinheiro no banco. Tinha feito uma só compra: um relógio. Achava bonito com correntão de ouro, mas não sabia ver as horas. Um amigo perguntou-lhe:

– Que horas são, compadre?

Encostou o relógio no ouvido e respondeu sem embatucar:

– A hora eu não sei. Mas o pau tá comendo...

De tarde vai ao Banco, assina penosamente um cheque no valor de todo o dinheiro de manhã depositado. O pagador conta o dinheiro – e ele olha, atento e calado.

No fim, quando o empregado lhe entrega o cobre, Anastácio explica com a maior simplicidade:

– Não quero não, senhor! Eu queria só era ver se o meu dinheiro estava aí mesmo.

Mas um dia houve na bodega da vila um estrupício – e o cearense explicou o "causo" com natural tranquilidade:

– Eu estava no meu canto queto. Tomando minha cerveja. Tava com dinheiro no bolso. Veio o cabo – e eu só vendo o jeito dele – começou a botar gente pra fora. – Sai, cambada safada! – E eu queto. Só vendo o jeito dele. Eu tava com a minha quicé no quarto. Ele veio em direitura pra minha banda e me intimou:

– Pra fora!

E eu respondi em cima da bucha:

– O senhor é autoridade, mas não está com a razão. Eu não estou fazendo mal a ninguém.

Aí o cabo cresceu pra mim, de chanfalho em punho, e tentou me tocar. Neguei o corpo, e meti a faca nele. O senhor vê? Eu não tive culpa. Depois, nós acertamos as contas. Conversando é que a gente se entende. Não é verdade, meu branco? O senhor sabe, isto aqui está ficando muito ruim. Quero ir pra minha terra. O senhor sabe: eu sei trabalhar: E homem não faz pouco de mim... Não tenho medo de careta, nem levo desafora pra casa.

Carregaram o cabo pro Posto de Saúde e chamaram o doutor pra tratar dele: estava se esvaindo em sangue.

O cearense, sem se afobar, no meio da confusão, safou-se de mansinho. Foi-se embora, como se a coisa não fosse com ele. Mais que depressa, pulou pra dentro da montaria e mupicando o jacumã, desapareceu na forquilha do igarapé...

Quando a noite sem estrelas sepultou a paisagem triste, o silêncio retornou ao Largo da Matriz.

E Frei Jacó continuou a ensinar catecismo e a dar roupas aos índios: duas inutilidades inofensivas.

– Não matarás! Era a lição do Evangelho.

Mas com o cearense nunca mais ninguém tirou prosa: ele não matou nenhum cristão, defendeu o seu direito...

A Doença*

Da doença de Machado de Assis não há novidades a dizer. Todos os seus biógrafos e comentadores – de Pujol a Augusto Meyer e Lúcia Miguel Pereira – lhe fizeram o diagnóstico com exatidão: epilepsia. "Não é impiedade", como afirmou Afrânio Peixoto, "denunciando-lhe a epilepsia comprovada e assistida por testemunhas... porque é determinante ou modificador de seu gênio: o de Maomé, Pedro o Grande, Carlos V, Richelieu, Petrarca, Molière, Schiller... teve também essa intrusão sinistra." Há, de resto, para documentar tal diagnóstico, que é fácil e evidente, até mesmo uma prova iconográfica que aqui estampamos: o velho Malta, fotógrafo tradicional do Rio antigo, surpreendeu o romancista num ataque e fotografou-o. Além do mais, referências e episódios de toda ordem existem na sua biografia, para comprovar o fato doloroso. Entretanto, a verdade é que ainda não se fez uma análise minuciosa e documentada da enfermidade do autor de *Quincas Borba*, não obstante ter sido a sua doença daquelas que deixam fundas marcas na alma e na vida das criaturas.

Nem seria possível compreender o sentido profundo da obra deste estranho esquizoide de gênio, sem conhecer e sem

* *In: Doença e Constituição de Machado de Assis*. Rio de Janeiro: José Olympio Editora, 1976, pp. 17-25.

analisar o "mal sagrado" que lhe minava o sistema nervoso, envenenando-lhe o espírito.

Convencido de que devia ser, no entanto, do mais palpitante interesse clínico e literário, diante de documentação idônea e suficiente, colhida na análise atenta de sua obra e no depoimento direto dos amigos que privaram com o romancista de *Dom Casmurro*, analisar e discutir a patologia do maior escritor de todos os tempos, mostrando até que ponto o *morbus sacer* influiu na sua obra, no seu temperamento, na sua vida – foi que procuramos realizar este estudo sobre o assunto.

Uma coisa parece provada: Machado de Assis tinha um esquisito pudor da sua enfermidade, o que, de resto, é peculiar a alguns comiciais.[1]

✣ As notas de rodapé são de Peregrino Júnior. [N. do O.]

[1] D. Lúcia Miguel Pereira narra no seu livro o seguinte episódio que, segundo esclarece, foi referido a Afonso Arinos de Melo Franco por Magalhães de Azeredo: "Um dia, entrando numa farmácia em companhia de Magalhães de Azeredo, o farmacêutico contou-lhes, horrorizado, um ataque epiléptico, que socorrera pouco antes. Machado começou a dar sinais de aflição, e afinal, não se contendo, exclamou: 'Cale-se, por favor, que eu também sou epiléptico e estou sentindo que vou ter alguma coisa'."

O episódio, nos termos em que está contado, parece-nos inverossímil. Machado de Assis nem sequer pronunciava a palavra – epilepsia. De resto, nem mesmo a Carolina confessou ele jamais o seu mal. Como aceitar que o contasse a um estranho?

Como Flaubert, que evitava escrever o nome da terrível moléstia, Machado de Assis não aludia a ela senão muito raramente, e nunca lhe escrevia o nome. De toda gente ocultava ele a doença, até dos amigos mais íntimos. Nem mesmo a Carolina, sua companheira e confidente de todas as horas, ele confessou jamais francamente que era epiléptico. Casou sem adverti-la dessa circunstância, e Carolina, que nem sequer suspeitara do mal do marido, interrogando-o após o primeiro ataque a que assistiu, meses depois do casamento, obteve dele uma resposta vaga e evasiva: tivera, em menino, umas "coisas esquisitas", que não se haviam mais repetido até aquela data. De resto, talvez não tivesse tido Machado de Assis até então uma crise típica. As manifestações epilépticas são, como observam certos alienistas, proteiformes.

Ein klarer einheitlicher epileptoider Typ ist jedoch noch nicht bekannt, na observação de Luxemburger, havendo muitos epilépticos que nos primeiros tempos apresentam formas larvadas, frustas, atípicas do mal.[2] Mas era assim que ele se

[2] Os estudiosos da matéria têm descrito numerosas formas clínicas de epilepsia: "síndrome precursora", de Crouzon; "síndrome motora incompleta" (pequeno mal); "epilepsia emotiva", de Heitor Carrilho; "epilepsia estática", de Ramsay Hunt ("perda do controle postural", "cataplexia"); "epilepsias cursórias"; "formas hidrodipsomaníacas"; "narcolepsia"; "picnolepsia", de Friedmann; "epilepsia psicastênica", de Lepine, etc.

referia à moléstia terrível, sem jamais pronunciar-lhe o nome: "umas coisas esquisitas"... Já às portas da morte, da melancólica solidão do seu quarto de enfermo, ele escrevia a Mário de Alencar:

> Meu querido amigo, hoje à tarde reli uma página da biografia de Flaubert; achei a mesma solidão e tristeza, e até o mesmo mal, como sabe, o outro...

Flaubert também designou assim uma vez a sua epilepsia, numa carta a Louise Collet:

> Minha vida ativa, apaixonada, cheia de sobressaltos opostos e de sensações múltiplas, acabou aos vinte e dois anos. Nessa época, "outra coisa" apareceu...

E essa "outra coisa" que apareceu na vida de Flaubert é o "outro mal" de que fala Machado de Assis. Ambos tinham horror irreprimível pela moléstia, cujo nome não escreviam. Machado de Assis levou tão longe essa fobia que riscou das edições ulteriores das *Memórias Póstumas de Brás Cubas* a palavra "epiléptica", que havia deixado escapar na primeira, ao descrever o padecimento de Virgília diante da morte do amante:

> Não digo que se carpisse; não digo que se deixasse rolar pelo chão, epiléptica....

Nas edições seguintes a frase apareceu assim corrigida:

> Não digo que se carpisse, não digo que se deixasse rolar pelo chão, convulsa...

Mesmo quando abria o coração a amigos fraternos, como Mário de Alencar, não falava claro a respeito de sua doença. Em carta de 11 de abril de 1907, Machado lhe dizia:

> O muito trabalhar destes últimos dias tem-me trazido alguns fenômenos nervosos, etc. (*Correspondência*, p. 253.)

"Fenômenos nervosos" – mais um eufemismo com que ele se referia às suas crises epilépticas.

Noutra carta, esta endereçada a José Veríssimo, datada de 31 de dezembro de 1898, há uma referência evidente, embora velada e discreta, às surpresas do seu mal, cujo nome, entretanto, não cita:

> Quanto à *Revista*, era ontem dia marcado e hoje também, mas ontem *os destinos o não quiseram*, estive doente e recolhi-me logo [o grifo é do próprio Machado de Assis]. (*Correspondência*, p. 147.)

Com esse disfarce – *os destinos*, quis ele decerto dizer: *um ataque.*

Só uma vez, que me conste, fez ele uma alusão mais clara ao seu *grande mal.* Foi numa carta a Mário de Alencar (a correspondência dos dois amigos é cheia de confidências e conselhos sobre os achaques que o atormentavam), datada de 8 de fevereiro de 1908. Diz assim um trecho dessa carta:

> A minha saúde não vai mal, exceto o que lhe direi adiante, e não é a "ausência" que senti ontem, esta foi rápida, mas tão completa que não me entendi ao tornar dela. Daí a pouco entendi tudo, e deixei-me estar. (*Correspondência*, p. 272.)

Foi essa a única referência direta que se me deparou, em toda a sua correspondência, ao *morbus sacer* de que ele era portador notório.

Quando alguém lhe notou certa vez a dificuldade com que ele falava por causa das mordiduras da língua,[3] consequência de uma crise recente, ele procurou justificar o fenômeno ingenuamente:

– Estas aftas! Estas aftas!

Narrou-me, há tempos, o Sr. Elói Pontes um episódio que define o pudor de Machado de Assis diante do seu mal.

Certa feita, surpreendido por um ataque num bonde, ele fora socorrido pelo Professor Dias de Barros, que o botou no seu carro e o conduziu para casa, com grande carinho e solicitude. Mas, ao chegar à casa ilustre das Laranjeiras, em vez de deixar o enfermo no leito e retirar-se delicadamente, permaneceu o médico ao lado dele, medicando-o, confortando-o, esperando que ele tornasse...

Logo que recobrou a consciência e viu aquele estranho a seu lado, Machado de Assis, em lugar de um movimento elementar de gratidão, o que fez foi um gesto de irritação e mau humor. E como o Professor Dias de Barros não compreendes-

[3] Em carta a Lúcio de Mendonça explicava certa vez: "Não lhe escrevi domingo, não só por falta de portador, como por haver dito, sábado, ao Medeiros que era quase certo não ir ao almoço inaugural. A razão era estar com aftas, que me mortificavam e impediam quase de comer."

se logo, ele falou claro, apesar de tímido e delicadíssimo, exprimindo-lhe sem rodeios a sua contrariedade:

– Que faz o senhor aqui?! Pode retirar-se!

Referindo-lhe eu este curioso episódio, o meu ilustre e prezado mestre, Professor Rocha Vaz, contou-me um fato que tem a confirmar o horror de Machado de Assis à epilepsia.

Tendo o Professor Dias de Barros publicado um artigo sobre "a epilepsia de Napoleão", o Professor Rocha Vaz escreveu outro, provando, de acordo com o depoimento clínico de Morgagni sobre a enfermidade do grande Corso, que o exilado de Santa Helena não fora propriamente um epiléptico, mas apenas um cardiopata. As crises convulsivas que ele apresentara corriam por conta, não de epilepsia essencial, mas de um simples bloqueio do coração. Napoleão, segundo documentos divulgados por Morgagni, era vítima tão somente de uma síndrome de Stokes-Adams. E o artigo do Professor Rocha Vaz, discutindo o assunto de conformidade com as ideias mais modernas, colocava o caso da doença de Napoleão nos seus justos termos. Era natural, porém, que só tivesse interessado os médicos, porque debatia a matéria sob o aspecto puramente científico. Entretanto, mal foi publicado esse trabalho, Machado de Assis procurou-o, para felicitá-lo:

– Assim é que se discute um caso clínico, Doutor. O Senhor esclareceu admiravelmente essa questão.

Quando eu lhe narrei o episódio do Professor Dias de Barros, que ele ainda então ignorava, o Professor Rocha Vaz compreendeu a dupla significação das felicitações de Machado de Assis: este se vingara do médico que o assistira numa crise e encontrara explicação mais benigna e aceitável para o seu próprio mal...

Machado tinha vários achaques. Queixava-se, frequentemente, dos intestinos (uma colite crônica espasmódica que não o abandonava). Mas este não era o *seu grande mal*: era apenas *um mal acessório*, como ele próprio confessava. *O grande mal* era a epilepsia. Eis o que ele diz a propósito a José Veríssimo, em carta de 1.º de setembro de 1908:

> Ontem passei o dia relativamente melhor, apesar de muito enfraquecido e muito desanimado; o Mário lhe dirá sobre isto alguma coisa. Agora (oito da manhã) ainda não estou pior. Vamos ver se esse intestino, que é apenas um mal acessório, mas aflitivo, se dispõe a me deixar tranquilo por uma vez.

Caminhava evidentemente para o fim.

Já estava nas vésperas de dar o grande salto no desconhecido. Seus padecimentos se haviam agravado. E ele que até no dia 28 de agosto ainda passeara na cidade com José Veríssimo, recolheu-se então para nunca mais sair. Débil e sofredor, soube entretanto manter até o fim a dignidade, a polidez, a discrição, a claridade espiritual. Cercado de amigos fidelíssimos – Mário de Alencar, José Veríssimo, Graça Aranha, Raimundo Correia, Coelho Neto, Rodrigo Octavio – morreu às 3h45 da madrugada de 29 de setembro de 1908. Tendo nascido a 21 de junho de 1839, Joaquim Maria Machado de Assis vivera quase 70 anos – vivera sem dúvida, no seu recolhimento e modéstia, uma das vidas mais harmoniosas, austeras e ilustres do seu tempo e da sua terra.

Graciliano*

[...]

Graciliano Ramos – deixem-nos situá-lo no tempo e no espaço – nasceu a 27 de outubro de 1892, em Quebrangulo, nas Alagoas, filho de pais abastados. Sebastião Ramos, seu pai, era comerciante de fazendas, criador de gado, proprietário de terras, e sua mãe, D. Maria Amélia Ramos, uma respeitável matrona do sertão, austera, enérgica e dura. Os cinco primeiros anos, passou-os na fazenda dos avós, em Buíque, no Estado de Pernambuco. Fez o curso primário em Viçosa (Alagoas). Os estudos ginasiais iniciou-os em Maceió, no Colégio Agnelo, onde foi aluno efêmero e medíocre. Mas voltou a Viçosa lendo seu francês – e isto não era pouco. Aos 18 anos transferiu-se para Palmeira dos Índios, no áspero, patético sertão alagoano, onde constituiu família, deitou raízes, abriu casa de comércio e chegou, "conceituado comerciante da praça", homem dos mais considerados da terra, a ser Presidente da Junta Escolar e Prefeito Municipal. Aí, autodidata solitário, aprendeu inglês e italiano, aprofundou-se no co-

---

* JÚNIOR, Peregrino. *In: Três Ensaios.* Rio de Janeiro: Livraria São José, 1969, pp. 59-82.

nhecimento do vernáculo, fez sua cultura literária lendo Dostoiévski, Flaubert, Anatole France, Eça, Machado. Assim "adquiriu", como confessa, "sua arte de escrever".

De infância solitária e triste, adolescência monótona e apagada, ele atinge a maturidade em pleno sertão – na desolação pobretona de uma cidadezinha sem horizontes do interior – onde, entretanto, passou a ser considerado um varão lúcido, e respeitável: sabia mitologia, conversava sobre literatura, lia livros e jornais do Rio, conhecia bem a sua gramática, um pouco de italiano, além de inglês e francês – para o gasto... Já então esquivo e distante, ele mesmo confessa em Palmeira dos Índios, "tratava bem a todos", mas, mal cerrava as portas da loja, fechava-se com os livros e "não tinha intimidade com ninguém". A cidade era pobre e triste, além de inquieta, turbulenta, que lá ferviam as paixões políticas a temperaturas altas. Contudo, o Major Graça era tão respeitado por todos que, eleito para a Junta Escolar e para a Prefeitura, conseguiu ser prefeito exemplar de Palmeira dos Índios. Um prefeito revolucionário: fez escolas, aumentou a receita e a arrecadação, construiu estradas, trabalhou – e gastou honradamente os dinheiros públicos. De resto, o que o tornou famoso, desde logo, em todo o Estado, foi a sua já referida fama de saber conversar sobre Anatole

France, Flaubert e Eça de Queirós. Além do que, lia corretamente francês, inglês e italiano – e conhecia mitologia como gente grande. Um fenômeno! E onde aprendera tudo aquilo – ninguém sabia.

A solidão, que ele amava, visitou-o ostensivamente duas vezes: na infância e na viuvez. Mas voltou a casar, teve novos filhos, recompôs a vida – e escreveu um Relatório de Prefeito que o tornou célebre em Alagoas e em todo o Nordeste – a ponto de receber do editor Schmidt convite para publicar livro...

O autor de tal Relatório devia ter, por força, um romance na gaveta... E tinha. Esta foi a origem de *Caetés.* O Major Graça costumava escrever o vernáculo com sobriedade, força e correção. O que ninguém sabia – e só o poeta Schmidt adivinhou – é que, além do Relatório, ele escrevia, em segredo, os seus romances... O Relatório famigerado, porém, abriu-lhe as portas da carreira política: de janeiro de 1933 a março de 1936, exerceu funções de diretor da Imprensa Oficial e da Instrução Pública em Maceió.

Eis, porém, que a intriga provinciana e a intolerância política, de repente, aliadas à paixão dos homens e à estupidez do Governo, criaram para ele uma espécie de processo de Kafka, sendo Graciliano Ramos destituído sumariamente, sem saber por quê, da Diretoria de Instrução e conduzido preso a Recife, de onde, no infecto porão de um navio, como bicho, o trouxeram para o Rio; a seguir, trancaram-no na Casa de Detenção e, por último, desterraram-no, com vadios, ladrões e assassinos, para o torpe inferno da Colônia Correcional da Ilha Grande; libertaram-no, afinal, sem nunca o terem processado regularmente – sem nunca o terem sequer interrogado! Dessa sinistra aventura foi que ele saiu para a celebridade, mas também para a doença e para a morte.

Viveu Graciliano Ramos quase toda a sua vida em pequenas cidades do interior do Nordeste (Alagoas e Pernambuco): Quebrangulo, Viçosa, Buíque, Palmeira dos Índios, sem contar, já na maturidade, a mudança para Maceió e uma viagem fugaz ao Rio. Isso quer dizer que toda a sua formação se processou na árida paisagem atormentada do sertão, acossada pelas duas mais atrozes calamidades do Nordeste do Brasil: a seca e a política. E marcadas pela monotonia das intrigas miúdas da mediocridade municipal, pela truculência trágica do cangaceirismo, das rivalidades resolvidas ao berro do trabuco nas tocaias sinistras, além da desolação sem remédio da pobreza e da fome. A recordação que ele guarda desse ambiente agreste e que fixou asperamente no livro *Infância* – escrito com uma coragem quase desumana, além de inoculado dos venenos sutis do ressentimento – é a do sertão intranquilo, miserável, sem nenhuma noção de higiene ou de conforto, com os "dois currais, o chiqueiro de cabras, meninos e cachorros numerosos soltos pelo pátio" – e "as cobras tomando banho no poço de pedra com a gente", mas que "dentro d'água não mordiam"... Haverá espetáculo mais melancólico, deprimente e desolado de atraso, de pobreza e subdesenvolvimento na face da terra? Esse mundo infra-humano inspirou a cosmovisão de sua obra.

Foi sobretudo na morna atmosfera apática e triste de Palmeira dos Índios, diante daquela natureza ingrata, torturada e estorricada, em cujo regaço hostil as reações humanas são, como ele mesmo descreve, as mais elementares – fome, sono, cansaço, amor, sofrimento, fuga – privando com roceiros pobres, políticos truculentos, cruéis cangaceiros – foi nesse clima social de pobreza, mediocridade e desesperança, que ele, já em plena maturidade, sentiu acordar no espírito os apelos da vocação literária – e nesse tempo fazia sonetos... "para adquirir ritmo"!

Sem aptidão de aderência ao meio, sem capacidade de aceitação e adaptação, ele não podia ser feliz. Vivia em estado de alerta e contenção, desconfiado, reservado, solitário. Sua vigilância intelectual era uma defesa – e era um refúgio.

Jaspers, estudando o homem moderno, chega a uma conclusão desesperante: não há solução – nenhuma solução. E não foi este final o pensamento também de Graciliano em toda a sua obra? Foi o seu constante pensamento, e inspirou-lhe não só a atitude pessoal diante da vida, mas sobretudo toda a criação artística, que é uma espécie de asilo noturno de fracassados, de anormais, de inadaptados, de criminosos, de pungentes seres, sem alegria nem esperança. Desinteressado do pitoresco e do anedótico, a paisagem dessa terra só lhe importava pela relação que acaso tinha com as pessoas e as coisas, porque da vida e dos seus personagens só o impressionava o sentido profundo, a essência psicológica, o drama humano: a alma agreste ou desesperada. Mas a geografia humana e social do Nordeste marcou-lhe severamente a vida e a obra.

[...]

E a vida de Graciliano está sempre presente na sua obra, no que ela tem de mais humano e doloroso, como comenta Francisco de Assis Barbosa. O mundo dos seus romances é o mundo de Graciliano. *Caetés*, por exemplo, é a história da vida medíocre e triste de Palmeira dos Índios, com a sua botica, o seu bilhar, o seu jornal, o seu comércio, as conversas das calçadas, as intrigas miúdas, as cartas anônimas... E todos os seus outros romances são isso: sua vida.

Os seus livros de memórias são dois: "duas épocas, duas fases que marcaram profundamente a sua sensibilidade e o seu destino" – *Infância* e *Memórias do Cárcere*. Com *Infância*, ele entra na vida – ele vê o mundo "através de um vaso de louça vidrada, cheio de pitombas". Tem ele aí a sua primeira perplexidade: um contato com o julgamento humano.

Em *Memórias do Cárcere*, novo contato com a precária justiça dos homens, é a sua segunda perplexidade: nunca compreendeu o processo kafkiano em que o envolveram – e contra o nosso sistema penitenciário, com a solitária grandeza de seu exemplo e seu depoimento, lançou o protesto mais alto, mais patético, mais belo. "Desgosta-me usar a primeira pessoa. Se se tratasse de ficção, bem, fala um sujeito mais ou menos imaginário"... dizia ele. Contudo, nas *Memórias* era ele mesmo quem falava – e sem a menor inibição, sem respeito a quaisquer conveniências, desmoralizando todas as convenções e mentiras do nosso tempo. Seu livro *Infância* é tão duro na transcrição da verdade, que, às vezes, traumatiza a nossa sensibilidade. A ausência de piedade, a aridez, a agressividade, que lhe advinham de uma infância solitária, castigada e triste, marcaram-no para o resto da vida.

Mas o importante, mesmo, na obra de Graciliano Ramos, são os seus romances. Quatro romances: quatro momentos diferentes do mesmo drama – o drama do sofrimento humano.

Em *Caetés*, sob a capa sutil da ironia e do sarcasmo, a traição, o adultério e o ciúme. Um problema pequeno – burguês de cidade pobre do interior, a desagregação social da burguesia rural, e a influência de Eça de Queirós aqui é transparente.

Em *São Bernardo*, os ferozes impulsos da ambição mais fria e a decepção do domínio inútil, do triunfo que não traz felicidade. Em *Angústia*, a tristeza complexa e pungente da loucura, do ciúme e do crime.

Em *Vidas Secas* – a tragédia da terra atormentada e da gente abandonada, nas suas reações mais elementares: a fome, o cansaço, a dor, a fuga inútil – o sofrimento humilde e sem remédio.

Em todos eles os dramas do nosso tempo: a ruína da burguesia, a deterioração da família rural, a miséria, a frustração, a desagregação de uma estrutura social, a emoção sem grandeza da vida brasileira. Há em toda a obra de Graciliano a sombra permanente de uma inexorável fatalidade diante da qual todos se curvam: Valério, Luiza, Adrião, Paulo Honório, Luís Silva, Marina. Ele próprio, na prisão ou na vida, está convencido da inutilidade de lutar. E todos são infelizes, de uma infelicidade inevitável, unânime, difusa, e contagiosa, contra a qual não podem reagir e que contamina tudo em torno deles. As mulheres, na obra de Graciliano, são sempre figuras de segundo plano – simples mordentes das reações dos homens – e se apagam, melancólicas, numa pálida penumbra. São todas elas portadoras do mal, agentes de uma fatalidade pungente – Luiza, Madalena, Marina – o mal vem delas – e se espalha em torno: o sofrimento, a loucura, o crime. O amor de todas elas é sinônimo de maldição e tormento.

Caetés tem por cenário uma medíocre e melancólica cidade do interior: Palmeira dos Índios.

São Bernardo se passa em Viçosa e nela estão os desajustamentos da vida rural brasileira, do regime semifeudal da propriedade, da decadência dos banguês...

Angústia, que não precisava ter indicação de localização, tão universal é o solilóquio, o monólogo interior do seu tênue drama, passa-se parte em Maceió, parte no Rio.

Vidas Secas é o sofrimento do sertão sob o castigo da seca: é o Buíque, com a sua paisagem pobre e sua vida triste.

Eis aí os itinerários pessoais de Graciliano, com as diversas estações da sua jornada...

Faltou-lhe, talvez, uma certa dose de lirismo, de ternura, graça evasiva: tudo nele é direto, seco, áspero e duro, embora policiado e ágil seja o seu estilo.

Seu trabalho era lento, paciente, torturado. Fazia e refazia os livros. Um capítulo de *Angústia* levou 28 dias a escrever. Em 1932 começou a escrever *São Bernardo*, desenvolvendo uma novela que guardava no fundo da gaveta: *A Carta*. *São Bernardo* só saiu em 1934.

Depois de comentar com ceticismo sua literatura, confessa a propósito de *Angústia*: "As palavras de Nise levaram-me a considerar bons alguns capítulos." E explicou: "Um deles me custara 28 dias de trabalho rijo, fora depois recomposto e emendado. Tratava-se de um crime difícil, meio inconcebível, e se não me precatasse, ter-me-ia afundado na literatura de folhetim."

Ele vivia a sua vida com rude sinceridade. Foi o protagonista dessa própria vida – de seu drama individual, diria melhor: o drama da frustração e da inadaptação. "Ele suportou dissabores e penas, aguentou dores e tristezas – e as únicas alegrias que teve, curtas e miúdas – foram as do êxito literário e do respeito dos seus contemporâneos." A Literatura foi a sua grande aventura. A Administração e a Política, estas foram apenas experiências, além de castigo.

Angústia, escrito na primeira pessoa do singular, é um monólogo aflitivo, mórbido, pesado, cortado de visões, de terrores, de alucinações, das noites compridas de insônia, de sonhos, de calafrios. Uma densa atmosfera de loucura e sofrimento. Não se respira. Sem ar e sem paisagem. A evocação da infância, com o avô babando e maluco, é deprimente. Depois Luís da Silva: a obsessão de Marina e o ciúme mórbido, o ódio. Julião Tavares – um patife! Que desejo de matá-lo, de arredá-lo do caminho, de libertar Marina da sua influência e do seu poder. Ambivalente, hesitante, derrama a acidez corrosiva do seu pessimismo, da sua amargura, nas páginas sem pausas, sem capítulos, sem hiatos. E a sensação que nos transmite é mesmo de angústia.

Em *Vidas Secas*, porém, o que o preocupava, no fundo, era a desgraça irremediável que aniquilava seus personagens. Há uma palpitação de vida exterior; a paisagem da seca, a paisagem social e humana de um mundo atormentado. É exato e colorido, sem ser pitoresco nem derramado. O êxodo da família de Fabiano tangida pela seca, a festa do Natal, na cidade, a morte de Baleia – são esplêndidas, nítidas, precisas páginas de uma bela e forte autenticidade. Em geral tudo é vago, raso e triste, nessas pobres vidas sertanejas. Os meninos eram raciocinadores, lógicos, consequentes, diante das vitrines da cidade e até Baleia, a cachorra, tinha lá sua filosofia – cética e empastada, apesar de generosa e sensível... Tudo, em suma, tendendo afinal à análise e à introspecção.

Vidas Secas, em verdade, são vários contos que, se publicados separadamente, nada perderiam da sua importância e sentido. São aquilo que Rubem Braga denominou um "romance desmontável". Mas que força – quer nas parcelas, quer no todo! – que coesão, que unidade expressional!

São Bernardo é talvez o seu melhor romance – o mais vivo, o mais humano. Descreve aqui a desgraça irremediável de Paulo Honório, com o mesmo excessivo escrúpulo, com a mesma paixão do pormenor, que pôs na descrição de Luís da Silva e do drama de Fabiano.

É talvez, nos seus capítulos bem marcados, uma das histórias mais bem construídas da ficção brasileira. Aqui, mais do que em qualquer outro livro, lembra Machado de Assis, pela técnica de narrar e pela arte de escrever.

Tudo gira em torno da ambição, do interesse, que não escolhem meios para atingir os seus fins. A paisagem social é nítida, a presença da natureza é viva, a alma das criaturas, como sempre, um conflito sem solução. Estilo terso, correto e lúcido. Processo expressional adequado. E a língua empregada é um instrumento tão ajustado, que não faz ruídos desnecessários. Uma língua límpida, escorreita, desidratada. E aí estão, ao lado dos monólogos de *Angústia*, os seus instantes mais densos graves.

Graciliano Ramos nunca foi um homem de concessões nem de transigências: posto que revolucionário, jamais pretendeu fazer literatura de caráter popular. E nunca foi em verdade um escritor popular. Embora vivendo ideologicamente em termos de um novo contexto social, Graciliano Ramos não exprimiu, de modo claro e deliberado, essa atitude na sua obra.

Esta, apesar da superfície polida e límpida, é profunda, misteriosa: brota de subterrâneos escuros e tristes. Na intimidade da obra de Graciliano Ramos o que se nos depara é um sorriso – é um ríctus amargo de revolta – consciente, e singular, mas tocado de solidariedade pelos que sofrem, pelos desesperados e tristes, pelos frustrados e infelizes, pelos marginais e desgraçados, por todas as vítimas, em suma, de uma sociedade injusta e opressora. Esse, o sentido humano da obra de Graciliano – a sua mensagem.

Posse na ABL.

Na posse, um público diversificado.

SÉRIE ESSENCIAL

001 Oswaldo Cruz, *Moacyr Scliar*
002 Antônio Houaiss, *Afonso Arinos, filho | 1.ª ed., ABL, esgotado.*
003 Peregrino Júnior, *Arnaldo Niskier*

Composto em Caslon 11/15,5 pt.

IMPRESSA OFICIAL DO ESTADO DE SÃO PAULO

Coordenação Editorial: *Cecília Scharlach*
Assistência Editorial: *Ariadne Martins*
Assistência à Editoração: *Ana Lúcia Charnyai*
Fernanda Buccelli
Marilena Camargo Villavoy
Marli Santos de Jesus
Teresa Lucinda Ferreira de Andrade
Editoração, CTP, Impressão e Acabamento: *Imprensa Oficial do Estado de São Paulo*

Foi feito o depósito legal na Biblioteca Nacional
(lei nº 10.994, de 14.12.2004)

Impresso no Brasil
2.ª edição

Formato: *13 x 18,5 cm*
Tipologia: *Caslon*
Papel Capa: *Cartão Triplex 250 g/m²*
Miolo: *Chamois Fine Dunas 120 g/m²*
Número de páginas: *68*
Tiragem: *2000*

Rua da Mooca, 1.921 Mooca
03103 902 São Paulo SP
sac 0800 01234 01
sac@imprensaoficial.com.br
livros@imprensaoficial.com.br
www.imprensaoficial.com.br